슬픔이 맑다

국립중앙도서관 출판예정도서목록(CIP)

슬픔이 맑다 : 이복규 시집 / 지은이: 이복규. -- 대전 : 지혜 : 애지, 2018
p. ; cm

ISBN 979-11-5728-267-8 03810 : ₩9000

한국 현대시[韓國現代詩]

811.7-KDC6
895.715-DDC23 CIP2018006520

지혜사랑 184

슬픔이 맑다

이복규

지혜

시인의 말

애통하는 자는 복이 있나니,
그들이 위로를 받을 것임이요.
―마태복음 5장 4절.

그동안 슬픈 일들이 많았다.
아니 인생이란 슬픈 것이었다.
슬픔을 바라보면 슬픔이 위로가 되었다.

2018년
이복규

차례

2부

3부

4부

• 일러두기

한 연이 첫 번째 행에서 시작될 때는 > 로 표시합니다.

1부

퇴근

집으로 갈 때 쯤이면

슬픔이 가볍다

슬픔이란 슬픔은 다 써버려

슬픔이 남아 있지 않다

슬픔이 맑다

슬픔이 맑다고 하면

기분이 좋아진다

자! 이제 집으로

우화羽化

세상은 우리가 모르는 슬픔이 가득하다
우리가 배우는 교과서에는 눈물이 없다
가령 '참매미는 6년간 땅 속에서 유충으로 살다가
성충이 되어 탈피를 거쳐 약 14일을 생존한다'이다
어둠 속에서의 기다림이라든가
죽음으로부터의 공포
희망에 대한 설렘
기다림에 대한 눈물이 없다
아이들의 매미채에 단 몇 초만에
모든 삶이 덮여지는 백과사전처럼,
매미의 눈물을 기억해라 아이들아!
깊은 어둠에 비해 너무도 짧은 빛들에 대한 열망
그것이 소리가 되었단다

우화되기 전 어둠 속에 묻혀버린
날개 없는 애벌레들의 꿈 앞에
슬픔을 위해 눈물 흘리며
종을 울렸던 권정생을 생각한다

우리가 모르는 슬픔이 세상에 가득하다
눈빛을 깊고 부드럽고 그윽하게 슬픔을 향하여
응시하라

사물에 깃든 깊은 슬픔들이 우리에게
지혜를 줄 것이다
우리는 결코 슬픔의 바다에 빠지지 않고
퇴화된 날개를 펴서 유유히
슬픔의 바다를 건넌다

오늘도 슬픔이 맑다

시詩

새로 산 비로

마당을 쓴다

허리 숙여

머리 조아리고

마당을 쓴다

어둠을 조금씩 지워

환하게 만드는 일

남이 보지 못해도

나는 알고 있다

깨끗해진 마당을 보면

저절로 환해진다

쓴다

나는 지금 쓴다

슬픔이 투명하다

아침 7시 30분 등교한 학생이
10시가 되어 학교를 나와 학원으로 향한다
아침 7시 30분 출근한 교사가
10시가 되어 학교를 나와 술집으로 향한다
푸른 병에 갇힌 슬픔들 싸하게 퍼지고
오늘을 지나 도착하는 오늘
늘 지각생인 꿈들
고개 숙여 집으로 향하는 발바닥
갑자기 비가 내린다
언제나 슬픔은 몰려다닌다
비가 비에 미끄러져 운다
슬픔이 비에 씻겨
슬픔이 말갛다
투명한 슬픔이
이미 돌아와 내일과 함께 누워 있다

교통사고

시동을 켜고 달리는 순간, 차의 의지가 생긴다 차의 의지를 꺾기 위해 긴장을 늦출 수 없다 우회전을 하려고 하면 차는 직진을 하고자 했으며, 멈추고 싶을 때 차는 달리고 싶어 했다 사고는 내가 차의 의지를 제어하지 못하고 제각각 흩어진 버린 의지의 결과다

어제 저녁 난 쉽게 잠들지 못했다, 걱정은 몰려다니며 협박한다 기회를 놓치지 않는다 뜬 눈으로 밤을 보내고 난 아침, 잠을 보충하려는 몸의 의지와 급한 일로 어딘가를 가야 하는 의지가 혼란스럽게 엉키며 사고가 났다

구급차에 실려가는 나와 피가 흐르는 몸과 렉카차에 실려가는 차는 결국 다른 의지에 의해 움직이고 있었다 내 차에 타고 있었던 사람들도 모두 자신의 의지와 상관없이 구급차에 실렸다

응급실에 도착한 뒤 우리 가족은 생사의 기로에서 각자의 병실에서 싸웠다 몸과 의식이 분리되는 것을 막아야 하는 외로운 싸움, 전신 마취를 하고 의사의 의지에 몸을 맡긴 채 긴 수술시간을 버텨야 했다 의식이 내 몸으로 돌아왔을 때 나는 살아있다는 안도감과 죄책감의 고통에 휩싸였다 감정이 극한에 이르면 저절로 눈물이 나온다는 것을, 군대 제대

이후 다시 한 번 알았다, 몸의 상처를 위로하는데 시간이 길었다 한 달이 걸려 집으로 돌아왔다 상처가 생겼다 또 다른 흉터의 의지가 만들어질 것이다

어느새 일 년이 지났다, 비 오는 날이면 나의 의지와 관계없이 몸의 상처들이 운다 또 하나의 의지가 만들어졌다

아이러니 1

베트남 사람들 한국에 오기 전 처음으로 배우는 한국말, 때리지 마세요 욕하지 마세요 월급 주세요

중국人이 만든 침대에서 자고 일어나 필리핀人이 만든 나이키를 입고 방글라데시人이 만든 아디다스를 신고 파기스탄人이 만든 고속도로에서 운전을 한다, 점심시간 조선족 아줌마가 차려주는 체인점에서 중국산 낙지볶음을 먹는다, 태국에서 만든 화분에 꽃을 키우고 베트남에서 만든 모자를 쓰고 스리랑카에서 만든 자전거를 탄다, 저녁이면 몽골 처녀에게 마사지를 받고 피로를 푼다

70년대 말 국민학교 저학년, 공부 잘하는 내 짝지 일본산 연필로 일본산 공책으로 공부한다, 친구들의 눈길을 받던 그 아이는 비밀이라며 나의 귀를 빌려 엄마가 일본에 돈 벌러 갔다고 했다, 엄마 없는 텅 빈 집에 초대하곤 했다, 초대할 때마다 외로움을 일본산 연필과 공책으로 바꾸었다 아빠는 아침마다 눈이 충혈되어 있었다고 했다

태평양을 향하는 밀입국자들을 태운 컨테이너 어둠에 젖는다 한 여름 밤의 꿈을 검은 물들이 받쳐 들고 까만 눈동자 흔들리며 적시고 있었던 한국인들

>

I like America, Don't hit me, 눈물에 영어를 섞어 흘리며 말했던 한국인들

아이러니 2

결혼 이십 주년
–사랑이 깊어졌다기보다
시간에 대한 예의 혹은 미안함
혹은 다름에 대한 수용 혹은 포기– 기념으로
방콕여행
삼십사도 불볕더위지만
한국은 전례 없는 강추위
에어컨도 없는 버스를 타고
짝뚜짝 시장으로 가는 길
이국異國 여자
앞좌석 아가씨의 머리카락이
좌석 손잡이를 잡고 있는
내 손을 터치한다
최대한 손에 집중한다
향수도 바람에 실려
코를 문지른다
최대한 코에 집중한다
눈을 감는다
온 몸을 칭칭 감고
혀를 날름거린다
오 마이 갓

식물인간

뇌가 마음대로
명령할 수 없는
장기가 심장입니다

온 몸이 잠들어 있지만
쉬라고 해도
멈추라 해도
박동을 멈추지 않고
살아 있는 사람

오로지 당신만을 위해
살아있는 식물
인간

꽃처럼 키우는
아내가 있다

수업시간

햇볕이
가부좌 틀고 앉은 바위 옆으로
바람이
합장 하며 지나가고
염불 소리에 귀뚫린 새들
나뭇가지 위에 정중동正中動

선생님 염불소리만 남겨두고
모두 떠난 꿈夢교실
학생을 부르는
칠판을 두드리는 목탁소리 울리지만

돌아오지 않는 메아리
봄 늦은 오후 교실

무단결석

너의 자리가 비었다
빈 자리가 나를 부른다
지금 나는 쓸쓸해진다

너의 이름을 부르고
너에게 다가간다

쓸쓸한 너를 위해
우리는 쓸쓸해진다

무단의 길을 걷지 못했던
스스로
용기가 없었던 나

군대시절 총을 들고 사라졌던
그 친구 다시 돌아오지 않았던
묶여있던 영혼
풀어 넣고
돌아오지 않았던 너

쓸쓸한 기억이 총성으로
울리는 교실

등교

밤새

슬픔이

샘솟아

버스 안 가득

고여 있다

슬픔이

시詩푸르다

슬픔의 교과서를 읽고 싶다

모든 교과서에는 슬픔이 지워져 있다 역사는 화장을 짙게 한 패션쇼의 주인공처럼, 차갑다 슬픔의 결과 이전의 얼룩진 냄새가 깨끗하게 닦여져 있다, 서울에서 천안 가는 1번 국도 44Km 지점에서 소나타차량의 운전자가(44세, 무직) 졸음운전으로 인하여 중앙 분리대를 들이 받고 일가족 4명이 중경상을 입고 단국대 천안병원 응급실로 실려 갔다는 기사가 실렸다, 죽은 지 하루가 지난 시체의 얼굴처럼 일목요연하게 차갑게 정리된 활자에서, 확인된 숫자들 앞에서 당혹스럽다 가령 그가 흘렸던 눈물의 사연은 필요 없다, '죽었다' 이다, 핏자국은 비가 씻고 해가 증발시켜 흔적도 없이 사라질 것이다 오늘도 전광판에는 교통사고 몇 건, 사망사고 몇 건으로 선명한 LED가 켜지고 '사망사고 일어난 곳'이라는 표지판이 세워지고 거룩하게 기억될 것이다, 슬픔은 다 지워진 채 서 있는 비석 같은 교과서를 넘길 것이다 아이들은……

* '세월호 침몰 사고世越號 沈沒 事故는 2014년 4월 16일 8시 48분 경 대한민국 전라남도 진도군 조도면 부근 황해 상에서 발생한 여객선 침몰 사고이다. 이 사고로 인하여 304명이 사망하였다' (네이버 지식 백과사전)

새옹지마塞翁之馬

새 잎이 난다고
꽃이 진다고
봄이 간다고
수군대는 사람들

말에서 떨어져 다리가 부러진 아들의 머리를 쓰다듬고는
노인은 말없이 눈을 감았다

꽃이 진다고
봄이 간다고

들꽃 하나
피었다 지고 피었다 진다고
눈물 흘리는 사람들

꽃은 사람을 위해 피지 않는다

가을 하늘

바람에
지워지는
바람처럼

머무는 순간
순간을 지워가는
저 눈물자국

슬픔이 푸르다

나는 자주 운다

영화 「비 그치다」에 무사가 등장하여
칼은 '자신의 바보 같은 마음을 베는 것'이라고 한다

좋은 칼일수록
칼집의 고요가 깊고
칼집의 침묵이 깊을수록
칼은 빛난다

어둠 속에 감춰진 그 빛만으로
무사는 칼에 피를 묻히지 않는다

다만 칼집의 울음만으로
상대의 바보 같은 마음을 벤다

2부

퇴근 무렵

어머니!

아픈 데는 없는데
늘 아픕니다
늘 편한 곳이 없으셨던 어머니
'괜찮다'고 하셨는데, 저는
살아야 하는데
늘 죽음 가까이 서성거리다가
아침을 맞이하고
저녁이면 슬픔이 넓고 깊어
홀로 서서 호주머니에서
어머니의 이름을 만지작거려 봅니다

하늘을 보면 슬픔이 맑아 반짝거립니다

어머니
아픈 데는 없는데
늘 아픕니다

주고 받다 주고받다

맞춤법은 늘 어렵다
띄어쓰기가 맞는지 아니면 붙여 쓰기가 맞는지
띄어쓰기는 붙여 쓰고
붙여 쓰기는 띄어 써야 한다

주고 받다가 맞을까 주고받다가 맞을까
왜 받고 주다, 받고주다라고 하지 않았을까

주고, 받을 것을 생각지 않으면 무서운 사람이다
받을 것을 생각하고 주는 사람도 무서운 사람이다
받고, 줄 생각이 없으면 무서운 사람이다

주고받다를 왜 하나의 단어로 만들었을까

주는 것이 곧 받는 것이라는
외할머니의 말씀 때문이었을까

너와 나, 두 단어가 합성어 되는 그때는 언제쯤일까

등 돌리다

눈 내리는 날
역방향 좌석 열차 타고
내가 지워지는 것을 보고 있다
현재도, 미련도 지워지고
희망의 감옥도 등 뒤에서
보이지 않는다
뒷걸음 쳐 가다가
어딘가에 걸려 넘어질지도 모른다는
위태로움이 당기지만
멈추는 곳마다
지나온 모든 시간들을
바라보다 미소 짓고

다가올 시간들이 기다려지지
않을 무렵
가지도 못하고
돌아가지도 못하고
멈춘 종착역
여기까지 따라 온 눈들 함께 눕는다

슬픔도 눕는다

밥그릇에 대한 예의

빈 채로 은빛소리 머금고
흔들림없이 고개 숙여
기다리다가 때가 되면
더운 웃음 가득 담아

주고 어느새 홀로

눈물 머금고
씻고 또 씻어
기어코 어둠이 된다

햇빛 두드리면
공양空養의 울림
그윽하게 담아

차려내는

기도

외할아버지

가을에는
바람도 머물 수 없어
고개 넘어 떠난
추풍령

아홉 시 지나면
고요의 그림자만 달빛 받아
어슬렁거리고
개 짖는 소리 고요를 쫓고

팔순이 다 되어가는 외할아버지의
잔기침 소리가 생의 추를 올렸다 내렸다
조금씩 가벼워지는 밤

남은 날이 적어
잠들기 아까워
밤새도록 귀뚜라미를 깨우고 깨워
노부부의 눈 붉어지는 밤

포도 익어가는 가을 밤

초상이 많은 해는

포도 농사가 풍년이라고
울어쌓는 풀벌레들

외할머니

햇볕을 고추에 말린다
햇볕도 뜨거워 뒤척이는 가을 한낮
햇볕을 주워 담는
붉은 손

찾아오는 이 없어도
기다리지 않고
스스로 붉어
꽃 피우는 이름 없는 꽃

한 해를 붉게 버무려 마감하는
단풍으로 물든 손
배춧잎마다 햇볕 가득 담아
늘 올해가 마지막인 김장김치
절이고 절인 굽은 세월
새우젓에 버무려 잠재우고
이별의 아쉬움을 섞어 익히면

김치에 절여 짧아진 해
외로움 한 뼘 줄어들고
그리움 한 자 길어진다

주말부부의 추억

1.
홀로 술을 마시는 시간이 많아진다.
맥주병과 같이 꼿꼿하게 앉아서 대작을 한다
홀로 술을 마시면 빨리 취한다.
내 말을 너무나 잘 들어주기 때문에
쉽게 흥분한다

2.
아빠 사랑해요
아빠 보고 싶어요
딸에게서 문자가 왔다
지친 퇴근 길
문방구 앞을 서성거린다
예쁜 딸기 지갑을 사들고 집으로
돌아가는 아버지의 손은 얼마나 붉은가?
홀로 집으로 돌아오는 길에
돌멩이를 찬다
날아가는 돌보다 더 차가운 마음

3.
16층 아파트 허공에 나는 떠 있다
밖에는 비가 내리고

땅으로 떨어지는 빗소리를
들을 수 없다
나는 16층의 허공에 떠 있다
뿌리 내릴 수 없는…

4.
맞은 편 아파트 등불 하나 둘
꺼져가는 늦은 저녁
마음의 창 흔들린다
방마다 불을 끄고
홀로 불을 밝힌다
엘리베이터 멈추는 종소리
길게 이어진다
위층의 물내리는 소리 폭포처럼
떨어진다 누군가
올 것 같은 밤
베란다에 서성거리며…

5.
집으로 돌아와
화분마다 물을 주고
베란다에 주저앉아

딸이 두고 간
물방울 기구를 꺼내 입으로
불어본다
낯익은 얼굴이 방울방울 맺힌다
베란다 밖으로
날아가는 그리움
너를 향해
방울방울 떠다니는 저녁
갑자기 비가 온다

6.
당신이 담군 매실주가 찐하군요
빨리 취합니다.
세월 속에 우러나온 향에
취해
한 잔 마시고 또 한 잔
따릅니다, 지금
당신에게 접속 중입니다
아주 오래된 향이 입술에
전해 오는군요

>

7.
주말마다 오는 아내는
한솥 가득 국을 끓여 봉지 봉지
냉동실에 얼려 놓고 간다

나는 냉장고 차가운 음식처럼
당신을 기다린다, 녹지 않는 밤

코드를 뽑고 싶다
푸른 냉기의 방

8.
홀로 집으로 돌아와 옥장판을 켠다 징이잉
차가운 이부자리가 싫다
너무나 조용하여
텔레비전을 켠다, 딩-이잉
온몸에 전기가 돈다
제각각 너무도 조용하게 자리를 누르고 있다
숨고 싶은 방
혈기 왕성한 냉장고 우-웅
돌아가는 소리 들린다
성인영화에서 나오는 에로배우의 괴성이

어둠 속에 토하고 있다
온몸을 칭칭 감는다

9.
주말이면 만나는 아내에게
트집을 잡아 다툰다
이렇게 떠나보내면
한결 혼자라는 것이 편하다
당신 없어 못 견디게
보고 싶은 것보다는
차라리 미워서 잠드는 것이
편하다
나를 사랑하는 것에 조금씩 길들여지거든
그래, 발버둥치는 거야
눈을 감아도 보이는 어둠

황학동 벼룩시장

보문동 셋방 살던 것도 황송한 시절, 일주일에 한 번 청계천 건너 황학동 벼룩시장 향한다 빠지고 접히고 슬리고 주름진 사람들 틈 사이, 어느 집 거실에 한 세월 무겁게 집안을 호령하였을 '梅一生寒不賣香' 표구가 주인 없는 가을바람에 한 자 한 자 지워가며 향기를 팔고 있다 진공眞空의 상태로 가는 마지막 길, 시간들이 산화酸化하여 만들어진 불구스레한 거친 표면, 몸이 컬컬하다 한 세월 냄새나는 것들 받아주었던 그것도 기울어질 대로 기울어진 리어카의 할머니, 검고 굳은 손이 만든 쇠 철판에 온갖 양념들이 무쳐져 비비 꼬인 내장들, 삐딱한 의자에 기대어, 슬픔을 굽는다 한 눈 팔며 태워먹었던 청춘의 시간, 위로해주었던 황학동 벼룩시장, 이제 롯데 캐슬이 군주처럼 들어서고 구청 직원 정의의 기사처럼 성을 지키며 노점상을 철거하고, 청계천에는 거대한 모터로 끌어올린 금값의 물들이 가지런히 기계처럼 흐르고 흘러 추억들을 들고 바삐 사라졌다 인터넷 검색어에 진열되어 포장되어 있는 깨끗한 중고품들, 벼룩의 불알만한 꿈도 사라진 벼룩시장

아홉 개의 닫힌 문과 달

지리산 칼바위 지나 장터목 산장 가는 야간 산행 길, 얼마나 갇히고 싶었던 어둠인가 낯선 시간이 포근하다 다양하게 불려진 이름들 사라진 몸, 숨소리가 온 산을 메우는 이토록 살아있었던 때가 있었던가

그러나 세 시간 쯤 걸어 지리산 중간 어디쯤에서 길을 잃어버렸다, 여름 장마가 길을 삼키고 가버려 길은 두려움처럼 흩어져 있었다

한 개의 길을 찾기 위해 더듬거렸지만 내려가는 길도 잃을지 모른다는 불안감과 함께 '스스로' 갇히고 말았다 '하나의 문이 닫히면 아홉 개의 닫힌 문이 보인다' 짐승들의 울음소리가 나뭇가지마다 늘어지고 추위는 냉장고의 울음처럼 급속으로 다가왔다 피로는 깁스처럼 굳어 굳어간다

'하나의 문이 닫히면 하나의 문이 열린다' 어둠이 선명할수록 달빛은 희망이 된다 살아야 한다는 집착을 버리고 의사의 만류에도 가족들의 품으로 퇴원하는 말기 백혈병 친구의 깊은 웃음 떠올리며, 운 좋게 흘러왔던 길 위의 시간들 되새기며 하늘을 본다, '하나의 문이 닫히면 아홉 개의 문을 선택할 수 있다' 목적지까지 가지 못하고 떠난 사람들이 어디 나뿐이랴, 내려가는 길 재촉하면 중산리 따뜻한 민박집

에서 별을 볼 수 있으리라 마음먹고 한 걸음 한 걸음 돌아가는 길, 멀리서 불빛들 도란거리는 소리가 들리기 시작했다

세상을 아름답게 하는 것

학교 등나무 그늘 밑
콘크리트 갈라진 틈 사이
금잔화가 피었다
조금 갈라진 틈만 있으면

꽃은 핀다

그러나
꽃을 피게 하는 것은
햇빛도 물도 아니다
죽음을 무릅쓰고
그 틈으로 뛰어드는 용기 때문이다
그 틈 사이로 뛰어드는 용기는
꽃의 꽃들의 오랜 명령

꽃은 세상을 아름답게 만들려 하지 않는다
다만 스스로 꽃을 피우려
죽음을 무릅쓰고
꽃을 피우려 할 뿐

문득

나에게도 보여주기 싫은
속을 너무 많이 보여주었어
그래도 받아주던 당신 웃음소리

다시 듣지 못할 날 오면 어쩌나
당신 알아보지도 못할 날 오면 어쩌나
잠든 얼굴 안아 본다

다 허공에 쓰는 낙서인 줄
진즉 알았지만
삐뚤빼뚤 못생긴 시간
그려놓고 나니
잠을 설치는구나

쉽게 뱉은 말들이
짓누르는 새벽
용서를 빌고 빌며
잠든 아내 안아보는
새벽

각방角房

종일 벽에 이야기를 한다
소리가 서럽게 벽을 할퀸다

종일 벽에서 네 울음소리 들린다
소리를 밀어낸다

우리의 벽은 너무나 까까워서
차갑다

미꾸라지 미끄러지듯 사라지는
처음이자 마지막인 하루의 끝

벽 사이로 침묵의 귀들이
슬픈 소리 부른다

미움의 그림자는 벽과 벽 사이에
서성거리며
어두운 풍경을 부른다
밤이 꽉 들어찬다 마지막이다

은어銀魚*

강을 떠난 물들 돌아올 수 없어

그리움이 키운
은어떼들 돌아온다

추억의 산란
물빛 닮은 수박 눈망울의 어린 은어들 부려놓고

세월 하얗게 부서진다

너는 다시 떠나야 하는
오랜 전설

딸이 짐을 꾸린다
어린 사진이 든 앨범도 챙기고
늘 안고 자는 인형도 넣고
추억들 한 가방 담아 다시 돌아오지 못할 것처럼,

물과 물 사이 손을 넣어보지만
이미 재잘거리며 빠져나가는 시간들
흔들리는 밤

>

강물이 소용돌이치며 지나가는 깊은 곳
머물러 있는 내 마음
또 나는 너를 기다리며
또 나는 얼마나 일렁이어야 하는지
밀고 밀어 하얗게 거품 운다

슬픔이 희다

* 은어 : 연어와 같은 회귀성 어종.

교통사고 2

마음의 상처는 시간에 묻히기도 하고
혹은 감출 수도 있지만
흉터는 두고두고 거울에 남는다

남의 자리를 빌려 태어나는 천덕꾸러기
제자리 잡지 못하고
상처 입은 곳과 없는 곳의 경계에는
자백을 강요하는 험한 눈빛들 무섭다

거울에는 상처만 보이고
거울은 나만 따라 다닌다
눈망울엔 흉터가 셋방처럼 앉았다

그해 겨울 거울에 나만 남아
후회의 시체들 가득한 방에
죽음 가까이 서성거렸던 핏자국을 닦아내며
울어주는 당신이 다녀가고
당신이 다녀가며

웃음살 안으로 상처들 밀어 넣고 넣어
주름살이 조금씩 깊어지며 10년이 흘렀다

그리하여
스스로 웃고 있는
나이테 몇 개 가지게 되었다

출근

벽에 걸린 옷은 무겁다
나는 옷의 이름에서 벗어나
비로소 가벼워졌다
벽은 단단하고 차갑다
옷은 체온을 잃고 늘어져
벽에 기대고 있다
옷의 눈초리를 쉽게 벗어날 수 없지만
애써 무시하고 잠이 든다
어릴 때 엄마는 목욕탕에
나를 데리고 가셨다
부딪히는 엄마의 살은
따뜻하고 부드러웠다
꿈을 깨며
아침을 여는 것은 여전히
옷들이다

밤새 외로움에 울고 또 울어 얼룩진 옷들
날카로운 못 자국에 뒷덜미가 늘어져
아침을 애타게 부른다

날 찾지마!

3부

청량리 풍경

햇볕이 어눌한 오후 빈자리 청량리 역 근처
노숙하는 노인과 개가 쪼그리고 앉아 있습니다
보도블록의 때들이 모자이크처럼
새겨진 얼굴의 노인과
하수구 물감을 온몸에 묻혀
바닥을 쓸고 있는 개가
나란히 앉아 있습니다
늙은이는 갈 데가 없나 봅니다
늙은 개도 갈 데가 없나 봅니다
사람이나 개나
개나 사람이나
집이 없는 이들의
발바닥 손바닥은 새카맣습니다
술집으로 출근하는 여자들이
두고 가는 돈에는 향수가 짙습니다
사발면 김이 모락모락 오르고
하늘은 더욱 흐립니다
소주병도 같이 기대어 초점을 잃고
여름이 갔는지 가을이 왔는지
알 수 없는 겨울 옷들에
묻혀있는 쓸린 상처들
누구나 절망 근처에 서성거렸던 사람들

애써 시선을 피해
풍경을 빠르게 지우며 사라집니다

눈 내리는 날

묵주처럼 한 알 한 알
고요를 이어 내리는 방울들
차곡차곡 쌓여 오늘을 지운다
누구나 흑백의 기억 하나씩 꺼내놓고
현상한다
소리 없이 짖는 개들도
꼬리 흔들며 입김 날린다

다투어 내려도
함께 피우는 꽃
오늘은 나를 버리고
우리의 옷을 입는다

성당 한 귀퉁이에
따뜻한 손 모아
기도하는 마리아 머리 위에
응답의 눈이 하얗게 쌓인다

지나고 나면 짧은 순간들
난 오늘도 일기를 쓴다
살아있음으로
이 눈을 보았다네

마태복음 18장 3절

더운 여름날
어린 소녀가
여린 손으로 땅을 향해서
열심히 부채질을 하고 있다

가까이 다가가 말을 붙였다

'뭐 하니?'
'꽃이 더울 것 같아서, 시원하게 해주려고요'

순간 몸에 땀이 났다

'너도 더운데 그만하렴'
'아저씨도 시원하게 해드릴까요?'

나무 안 바람

겨울
물을 길러
져미고 져미는
나무
둥글게 둥글게
흐르고 흘러
언 나무의 몸
녹이고 녹여
한겨울 추위를 막아내는
구심력
안으로 안으로
젖을 물려 피는
꽃
향하는 물의 절정
봄
겨울나무 안
강물소리
바람소리 일렁이며 퍼지는
원심력
또 하나의 원
만들어 내는
나무 안 바람

청계천 전태일다리

다가서는 일에는 눈물이 필요하다
눈물 보며 마음이 자란다

눈물이 굳어 돌이 된 사람
온몸으로 다리가 된 사람
홀로 걸어간 아픔이
함께 걸어갈 희망이 되어
비로소 길이 된 사람

사랑에는 우연이 없다
쉽게 놓아서도 안 된다
눈물 머금고 바라보면
마음에 꽃 핀다
눈물 머금고 같이
푸른 하늘 바라보다 뜨거워지면
희망이 된다
마음에 열매 맺는다
함께 꽃피울 씨앗 되고
함께 걸어간 흔적 꽃길 된다

사랑에는 우연이 없다

몽고반점

초원, 말이 꿈을 싣고 달리다 꿈이 가쁜 숨을 몰아쉬고 가다가 가다가 지치면 '게르'를 짓고 '말젖주' 하늘 한 잔, 땅에 한 잔, 내 몸 한 잔 붓고 달을 베고 별을 덮고 잠들다 해가 뜨고 지는 평원 어디나 집, 별처럼 머물지 않았으나 흔들리지 않았다 쏟아지는 별빛은 자연의 영혼, 머리맡에 앉아 성호聖號를 긋고, 밤 사이 양보다 젖이 큰 여자는 아이들에게 꿈을 물렸다 울타리를 만들지 않았고 사람은 언제나 멀리 있었지만 더 가까웠다 책이 없어도 아버지의 손, 굳은살 겹겹이 뜨거움을 잃지 않았으며 귀를 열고 머리를 숙여 기도하는 것으로 예언을 얻었나니 풀 한 포기에 목숨 걸어 얻은 몽고반점, 초원의 꿈

상처를 만든다

오후 늦게 아왜나무의 가지를 솎아주었다
아직 어린 나무들 바람을 이겨내기에는
잎이 많았다

가지를 자른 곳에
나무의 눈물이 흘러내리고 있었다
'생生을 위해 상처를 키운다' 어루만져 주었다
기도하였다

오래 전 교통사고로 백일된 아들 하나 남기고
세상을 떠난 사촌형의
큰어머니와 형수가
흘리던 그 눈물 속의
시간은 늘 현재형이다
사촌형과 보낸 경호강 자갈 굴러가는 소리
뱃소의 쏘가리 등에 내려앉아
점점이 선명한 얼룩이 되었다
상처는 늘 오늘이고
나무는 늘 오늘 자란다
사촌형에게
날개에 상처를 가진 새들이 오래 멀리 난다
걱정하지 말라 기도하였다

사촌형을 꼭 닮은 조카는
명절이면 사촌형처럼 웃어주었다

* 뱃소 : 고향 후천마을 강 깊은 곳 지명.

시詩 2

사막은 시時의 집

햇빛을 안으로 묻고 또 묻고

밤에는 또 얼마나 울고 울고

갈라지고 또 갈라진

모래알들

아무 것도 없는……

삭발

학교 다니기 싫다던 진우
기어이 삭발을 하고 왔다
머리카락도 무거워 들 수 없을 정도로
고개를 숙이고 다녔던 진우
너의 눈빛은 여전히 대머리독수리처럼 날카롭다
날개에 상처가 없는 새들은 날지 못한다
이미 날개가 퇴화되어 날지 못하는
나를 보아라
반항하고 싶을 때 반항하는 것이 얼마나 아름다운가
이미 먹이에 길들여져
먹이사슬에 묶여 있는 나는
더 이상 날 수 없단다
나쁜 짓을 많이 한 사람은
나쁜 짓을 몰래 할 수 있다
무정란 낳기를 강요하고
너의 날개를 교묘하게 꺾어
더 이상 날 수 없게 만드는
양계장의 닭들처럼 만드는
우리를 용서하지 말아다오

2cm

위에 혹이 생겼다
2cm가 넘는, 암일지도 모른다는
내시경 검사의 결과

나를 보는 것이
제일 어렵다
옳다고 믿었던 것들
시간 지나면
어김없이 틀렸다

식도 부근에 생긴 혹이라 위 전체를
잘라야 할지도 모른다는……
녀석의 존재감을 인정하기까지
당혹스러웠으나
긴 시간이 걸리지는 않았다

아름다운 추억의 사진처럼
녀석의 붉은 얼굴을 눈으로 보았기 때문이다

아, 하루를 천년처럼 살아야 한다
마음먹지만
아, 후회가 천년처럼 누른다

>

검사 마치고 집으로 돌아오는 길
집을 지나친다
지나친 생각, 지나친 집
다시 지나친다

나는 성내어서는 안 된다

2cm

후유장애

군대를 제대하고

길에서 고참을 만났다 고참이라고 해야 나와 동갑이다 인간이 힘으로 인간을 얼마나 야비하게 괴롭힐 수 있는지 알게 해준 친구였다 극한의 인내력도 가지게 해주었다 제대 후 길에서 만나면 가만두지 않겠다고 다짐하곤 했는데 막상 길에서 마주치니 거수경례와 함께 높임말로 깍듯하게 인사를 하고 있는 나의 손을 보았다 그런데 눈빛이 불손하다는 핑계를 대며 다짜고짜 고참이 때리기 시작했다 고함을 질렀다 '나 제대했어요'

꿈이었다

5년 전 교통사고를 냈다

한 때 나의 꿈은 택시운전사였다 자유로워 보였다 그러나 나는 운전과는 맞지 않다는 것을 한참 후에 알았다 운전은 어떤 직업보다도 집중력이 높아야 했는데 나는 잡념이 많았다 가족여행 중 낸 사고는 돌이킬 수 없는 상처를 남겼다 그런 어느 날 차선을 이탈하여 중앙선을 넘어 마주 오는 차와 부딪쳤다

꿈이었다

>

길을 가다가 우연히 큰 돈을 주웠다

꿈이었다

우리에게 슬픔이 필요한 거죠

우린 눈물을 흘리지 않았죠
서로 피하는 일에 골몰했어요

벽을 사이에 두고
공허한 메아리로 원망하며
때론 더 빨리 헤어지는
방법을 찾았어요

함께 슬퍼하며
눈물을 길게 흘렸다면
더 오래 사랑했을지도 몰라요

바람이 불고
먹구름이 모여
비가 내리고
새싹이 돋는 것처럼

우리에게 지금
눈물이 필요하죠
슬픔이 필요하죠
슬픔 옆에 기쁨이 기다리고 있다는 걸
잊지 말고

>

함께 가요

바람이 불어야 당신 곁에
더 가까이 가는 것이죠

무덤이 무덤에게

상복喪服 입은 사람들
줄지어 지나간다

깊은 울음소리
산들과 함께 흔들린다

슬픔의 깊이에 따라
울음의 소리가 다르지만
슬픔을 먹는 시간들의 마지막은
한결같다

햇빛이 바람에 날려
한 때 둥글게 솟았던
무덤도 무덤이 아닌
풀들 사이로 눕는다

누군가의 눈물이었던
세월 납작하게
아무 것도 아닌 것처럼

울음소리 저문다

추억이 운다

그가 치매에 걸렸다
시간을 거꾸로 지워가고 있었다

오늘과 어제부터
버리고 있었다

모두들 자기의 이름을 묻곤 하였지만
기억의 깊이를 본능으로 덮는 그는
친구들을 지우고
자녀를 지우고
아내만 겨우 기억하더니
이윽고 마지막 순간에는
어머니를 찾았다
어머니를 찾으며

자주 울었다

그러다가
아이 울음소리만 들렸다

소리도 지워지고
추억만 풍경처럼 남았다

4부

벽을 긁다

헨릭 고레츠키 교향곡 3번을 들으며
손톱을 깎다가
문득
독일 아우슈비츠 수용소 독가스 실의 벽
손톱으로 긁어 남긴 글이 떠오른다
“어머니, 비록 내가 먼저 떠나지만 울지 마세요.
고결한 천상의 신께서 기도해주실거예요.
절 버리지 마세요, 아베마리아.”
세월호에서 발견된 손톱이 없는 아이들 손
이 봄을 건너오지 못하는 아이들 손이
내 가슴을 긁는다
304명의 무고한 학생과 시민들이
온힘으로 선체를 긁으며
1초의 희망 불씨를 살리려 했던 핏물이 섞인
바닷물
7시간이나 무엇을 했는지 밝히지 못하는 그녀
손톱에 연분홍 매니큐어를 바르고 있었을까
비로소 몇몇을 감옥으로 보냈지만
우리가 정작 마음의 감옥에서 벗어나지 못하는 건
앞으로 평생을 눈물로 벽을 긁어야 하는 어머니들의 손 때문이다
유흥주점의 전단지가

바닥을 긁으며 지나가는 도시의 저녁
밤새 내린 비가 고인 썩은 웅덩이
용서라는 말이 비리게 와닿는 저녁
나를 용서하지 말아야
진정한 용기가 생긴다
너도 나를 용서하지 말아다오!

새벽 3시

바람에 머리를 맡겨
초원의 말들과 함께 달린다
수만 개의 태양이 웃는다
해바라기 밭을 달리는
꿈이었다

새벽 세시 그리운 것들 일어난다
다시 잠을 청하지 못한다
그리운 것은 늘 심장에서 쉬지 않고
움직인다

땀이 나지 않는 시간들이
만들어 낸 환상들
손에 잡히지 않는 생각들의 허상 속으로
매일 후회하지만 여전히 벗어날 수 없는
생각의 함정

그리운 것들 그리워하며
후회하지 않는 그날을 꿈꾸며

심장이 울렁거린다

새벽 3시

거가대교에서

노래하는 큰 딸은 고3 입시에 실패하고
재수 하면서 부산에 계신 성악 선생님께
일주일에 두 번, 홀로 버스를 타고
거가대교를 오가며 배웠는데

그 길을 내가 지나간다

햇빛에 빛나는 남해바다
너무나 눈부셔
너무나 멀어
사람이 얼마나 초라한지
딸애의 눈에서도 그 빛이 흘러내리며
얼마나 울며 오갔을까?

저 끝없는 수평선
아직도 가야할 길
그러나 아름다운 길

그 길을 나와 딸이 함께 지나간다

딸애의 노랫소리가 깊어지는 이유를
이제야 알 것 같다

2017년 4월 12일

스스로 그대로인
그곳에 가야겠다

죄가 무엇인지도 모르는 나무들과 함께 서서
졸고
기대어 자고 싶다

다시는 저 사람들이 모여 있는
곳에 가지 않으리라
모든 무선도 끊어버리고

죽음의 소식도
새로운 소식도
다 묻어버리고

다만 오래된 당신들 생각만 하며
그 생각도 바래지는 것을
바라보며

하늘이 맑다
비가 온다
바람이 분다

노을이 진다

이런 말들만 반복하면서

‘하나’님

칠순의 노모와 40대의 아들이
매주 교회에 나온다
지병으로 죽음이 가까운 노모는 더욱
기도에 매달린다

아들의 21번 염색체가 하나 더 많다

하나의 다름이
부모의 평생을 변하게 하고
자녀는 부모로 인하여 온전하게 된다
그런 어머니가

소원을 이루지 못하고 아들을 두고 떠난다

눈을 감지 못했다
장례식장에서 다시 온전하지 못한 아들의 우는 모습을 보았다
그를 바라보는 우리는
모두 그 늙은 아이의 부모가 된다

하나의 문이 닫히면 하나의 문이 열린다
부족해서

비로소 하나가 된다 공평하신 '하나'이다
홀로 완벽한 것은 애초 존재하지 않았다

거지가 되는 법

오성국민학교 졸업이 전부인 어머니는
새해가 되면
복 많이 받아라 하지 않으시고
복 많이 지어라 하신다
복 짓는 것이
복을 받는다는 것
어머니가 평생 매니큐어를 바르지 못하시는 이유다

복을 짓지 않고 복을 받는 것은
거지다
오래 살면 짐이 된다며 걱정이 많으신
가을
다 주고, 매달리지 않고
떨어져 주는 저 감처럼……
산청군 오부면 오성국민학교 졸업생

어머니

2000014년 봄

해가 진다 결국은
저녁이면 시간은
깊어지는 후회
우울을 울리는 우물 속 같은 하루
누구도 알아들을 수 없는 소리로
별빛들 흔들린다
우물에 빠진
신발 하나
목마른 소리로 짝 하나
찾는
세월호가 가라앉은 지 한 달이 지나도
저녁마다
소리를 벗어날 수 없다
저녁은 가장 먼저 달려와
우물 속에 웅크리고 앉아
빠져죽었다는 동네 누이의
눈물처럼 누워있다
나는 아직도
우물 안을 제대로 보지 못한다
읽지 않은 아침신문에
갇혀있는 그 아이들의 절규
오늘 아침신문은 비에 젖어 있다
비닐에 쌓인 채……

세 월 호

슬픔의 습작들을 넘긴다
아직 어린 슬픔의 기록들이
빼곡히 웅크리고 앉은
슬픔의 시집들

들을 수 없는 비명을
가슴에 새기고 새겨
모두들 함께 울음을 모아
파도처럼 철석이며 휩쓸렸다
눅눅한 슬픔의 사리
두껍게 두껍게 부풀고 있다
바다 밑이나
육지에 고여 있는 눈물로
숨쉬기는 어렵다

슬픔의 화석을 보존하려는 역사처럼
어리석은 사람들 모여
오늘도 무엇을 기록해야 할지
싸우고 있는 동안
비명에 젖은 살들 소리 없이
하나 둘 떠다니다가
그리던 품에 안긴다

>

슬픔과 슬픔이 다시 만나
울고 있는 동안
우리는 살아있다는 기쁨도
조금 조금
빠져가고 있다

* 조금과 사리 : 조수의 차이가 가장 낮은 때와 높은 때.

명明

칡넝쿨이 참나무를 휘감고

빛이 어둠 속에서

달빛으로 노래하는

들을 수도 말할 수도 없는 밤

호젓이 쉬고 있다

혼자다, 이제야 혼자다

달빛 받은 몸

나의 어둠이 깨끗하다

적어도 당신에게 가는 길은

이런 몸이어야 하리

이런 밤이어야 하리

이쁜 내 새끼

스스로 꽃인 줄 모르고
꽃을 찾아 헤매는 아이들
나도 한 때 그랬지
네가 꽃이다
네가 꽃 중에 꽃이라고
아무리 일러도
제대로 듣지 못하는 아이들
나도 한 때 그랬지
스스로 꽃인 줄 알게 되는 그때가 되면
그때 왜 더 활짝 웃지 못했을까?
그때 왜 많은 사람들이
나를 보고 웃고 있는 줄 몰랐을까?
후회하게 되지
어디 이 세상에 똑같은 꽃이 있을까?
눈빛이 달라서
그래서 더 아름다운 꽃들
저만 모르고 피어있는 꽃들을
나만 볼 수 있는, 꽃들을 보는 즐거움
그래서 어머니는 아직도
사십 대 중반인 나에게
아직도 꽃같이 이쁜 내 새끼
아무리 보아도 늘 이쁜
내 새끼라고……

살인 교사敎唆

친구가 나보다 더 앞서 가고 있다
쫓아가고 있다
저 친구가 나를 쫓고 있다
쫓기고 있다
수학 점수가 좋은 친구가 있다
수학을 좋아하지 않는다
수학을 잘 한다고 생각하지 않는다
누군가를 쫓아가고
누군가에게 쫓기고 있을 뿐이다

잠을 잘 수가 없어요
눈을 감으면 모든 걱정들이
저에게 달라붙어요

꿈속에서 하늘을 나는 꿈을 꾸어요
아무도 없는 곳으로 가고 싶어요
새가 된 아이

살인 교사다
지금까지 나는 살인을 교사한 교사였다

이유 없이 쫓고 또 쫓으라고

강요하고
쫓기는 아이들에게 다시
힘을 내 쫓으라고

숟가락

백제 무녕왕릉 여러 가지 부장품 중에
숟가락이 있다
함께 숟가락을 놓았다

가까운 사람 떠나면
부드러운 입술로
깨끗하게 닦아 놓은 반질반질한
숟가락 보며 눈에 윤기가 난다

그 숟가락
따뜻한 김치찌개 국물에 담그면
발갛게 퍼지던 미소
맛있다는 말 한마디로
쌓였던 서운함도 풀고
지긋이 바라보았던
눈빛

당신 속으로 부지런히 드나들며
세상살이 고단함도
삼키고 또 삼키고
숟가락을 놓았던
고마운 사람

>

죽어서도 굶지 말고
힘든 일 있어도
술술술 가락에 맞춰
풀고 또 풀라고
따뜻하게 넣어준 선물

낮잠

토요일 오후
산들 함께 서서 나를 부른다
길은 발을 당기고
함께 가져간 상념들
가을 낙엽처럼 가볍게 떨어지고
산길이 좁아지는 어디쯤
나무처럼 앉아
품에 안겨있게 되었다
바람이 하얀 손수건으로 땀을 닦아주고
숨이 깊어질 무렵
무덤 자리 옆에서
모르는 사람과 인연이 되어
수 만년 그 자리에 앉아 있었을
햇볕 머금은 돌에 기대어
내 삶도 한 천년 쯤 산 듯한
따뜻함이 전해온다
가지를 늘어뜨려 잠시 기대어
눈을 감는다
아무도 보는 이 없어
그늘마저
가을볕 아래
낮잠을 잔다
바위에 붙은 이끼처럼……

슬픔 바라보다

날이 흐리다
비가 곧 올 모양이다

시험을 앞 둔 교실은
피로와 흔들리는 눈빛이
가득하다

나는 누구냐고 질문을 던진다
가득한 슬픔을 바라보며
기도한다

슬픔을 바라보면
슬픔이 웃는다
슬픔을 바라보며
따뜻한 손 어깨를 토닥인다

슬픔을 함께 바라본다

나는 매일 사라진다

하늘 아래
어제와 같은 것이 있는가

오늘 도착한 바람은
어제와 다른 바람이라네
밤새 자란 작은 잎사귀 스쳐
내 숨 안으로 들어오네
아!

어제의 나는 사라졌다네
오늘 처음 만나
눈빛이 오래 머문 아내
아빠라고 불러주는 딸의 목소리

나도 내가 어색하고
신비로워 가슴이 떨린다네

오래된 습관으로
당신을 보지 않도록

오래된 기억으로
나를 바라보지 않기를

>

난 오늘 새롭게 태어난
새싹처럼
맑고 싱그럽다네

하늘 아래 새롭지 않은 것이 있는가

교사의 기도

하늘을 나는 새들의 몸은 가벼워야 합니다.
그래서 새들의 뼈는 비어 있으며 배설물을 저장하는 대장도 없습니다.
하늘을 날기 위해서는 맞바람이 필요합니다.
운명적으로 새들은 바람을 피할 수 없습니다.

긴 여정을 위해
많은 것을 버려야 했으며
스스로에게 채찍질을 가하여 날갯죽지의 힘을 키웠습니다.
하늘을 나는 것도 어렵지만
긴 시간 하늘을 나는 것은 더욱 어렵습니다.

어떤 순간에도 자신을 믿어야 하며
내일이라는 약속을 믿어야 하는
어려운 싸움입니다.
갈 길이 너무 멀다고 느껴
조금씩 힘이 빠져 대열을 이탈하는 동료들을 보며
스스로 할 수 없다는 생각이 밀려오면
견디기 힘든 밤
눈물도 참 많이 흘리며 바람에 말렸습니다.

>

이렇게 긴 여정을 만든
먼저 날아간 새들이 밉기도 하였습니다.
그러나 우리는 저기로 가야만 합니다.
그것이 우리의 숙명이며
우리에게 주어진 숙제입니다.
다음 세대의 어린 새들에게는
이렇게 먼 여정의 길보다는

좀 더 짧고 재밌는 멋진 새로운 길이 뚫리기를 기도하며
여러분과 긴 여정을 함께 했습니다.

여러분이 힘겨워 할 때마다
모진 말도 섞어가며 다그치기도 하였으며
때로는 외면하였습니다.
너무나 서러워
어린 새들이 날갯죽지를 서로 비비며 함께 울어주며 위로하는 모습이 슬프고 아름다웠습니다.

모든 것을 용서해주십시오.
우리가 지은 죄만큼 당신들에게 축복이 내리기를
간절히 기도합니다.

이제 곧 당신이 원하는 새로운 땅에
도착할 것입니다.
멀리 날 수 있는 새는 두려움이 없습니다.
앞으로의 길에도 바람이 거셀 것입니다.
그때마다 우리가 함께 한 시간을 생각하며
웃으며 날갯죽지를 뜨겁게 파닥거리며 가볍게
저 하늘을 비행하십시오.

우리가 하늘을 볼 때마다
저 하늘을 자유롭게 비행하는 새들이
바로 여러분이라 생각하며
자랑스러워 할 것입니다.

해설

슬퍼할 줄 아는 마음

홍기정 문학박사

슬퍼할 줄 아는 마음

홍기정 문학박사

1. 시와 슬픔

전해 내려오는 가장 오래 된 우리 시가의 하나로 일컬어지는 『공무도하가公無渡河歌』는 슬픔의 노래이다. 그 배경설화에는 산발한 흰 머리 미친 사내와 그의 아내가 등장한다. 사내는 술에 취해 비틀거리며 강물을 건너려 하다가 빠져 죽는다. 멀리서 그를 보고 놀라 소리치던 아내는 결국 그가 죽자 그 자리에서 공후箜篌라는 악기를 타며 노래를 부른다. 〈임이여 물을 건너지 마오. 임은 그예 물을 건너시네. 물에 빠져 돌아가시니, 이제 임을 어이하리요.(公無渡河 公竟渡河 墮河而死 當奈公何)〉 노래를 마친 아내는 강물에 몸을 던져 죽었다고 한다.

배경설화에 '조선朝鮮'이라는 지명이 등장하여 이 노래는 고조선 시대의 것으로 이야기되곤 하지만, '조선'이 중국의 지명을 가리킨다는 주장도 있어 이 노래가 우리 것이 맞는지 의문이 제기되기도 한다. 그러나 고대의 정신사적 영향관계의 성격을 생각해보면, 이 노래가 실제로 어느 나라 땅에서 만들어졌는지 따지는 것은 큰 의미가 없을지 모른다. 중요한 것은, 이 오래된 노래에 담겨진 비탄의 정서가 '한恨'으로 대표되는 우리 시가 고유의 슬픔의 정서와 닮아 있다는 것이다. 그래서 이 노래는 우리 시가의 오랜 정서적 뿌리로 간주되곤 한다.

우리 시의 서정抒情은 슬픔에서 시작한다. 술 취한 흰 머리 미친 사내의 아내가 그러했듯, 우리는 슬픔을 경험하고 슬픔을 바라보고 슬픔을 노래하면서 서정을 시작하고 시를 시작한다. 우리 시에서 슬픔은 서정의 모태이다.

시집 『슬픔이 맑다』는 슬픔의 시집이다. 시집에 실린 60편의 시에는 '슬픔'이나 '슬픈'이라는 단어가 51번이나 반복되어 나온다. 제목과 「시인의 말」까지 포함하면 그 횟수는 56번으로 늘어난다. 시인이 슬픔에 얼마나 많은 관심을 지녀 왔는지 보여주는 숫자이다. 그런데 슬픔에 대한 시인의 이러한 관심은 서정의 차원에만 머물지 않는다. 시인은 슬픔을 노래하면서 동시에 슬픔을 탐구한다. 슬픔의 탐구를 통해 시인은 우리가 살아가는 이곳 세계의 진상을 알아내려 하고, 삶을 살아가는 데 필요한 기술들을 배우려 한다. 슬픔을 스승으로 모신 시인은, 슬픔이 이심전심으로 알려주는 지혜의 말씀들을 받아 마음의 석판에 새긴다. 이 시집의 슬픔 관련 시들은 상당 부분 그 석판의 내용을 바탕으로 한 것이다. 이것이, 그 시들이 자주 서정의 노래가 아니라 교훈을 담은 잠언적 사설의 형식을 띠는 이유이다.

2. 슬퍼할 줄 아는 마음

「시인의 말」에서 시인은 『성경』의 「마태복음」에 나오는 "애통하는 자는 복이 있나니, 그들이 위로를 받을 것임이요"라는 예수의 말씀을 옮긴다. 이 말씀은 이생에서의 불행이 천상에서의 축복이 되는 종교적 위로의 역설을 보여준다. 이러한 믿음에 따르면, 불행한 사람은 불행하다는 그 이유만으로 신으로부터 위로를 받는 특별한 행운의 자격을 얻는다. 그러므로 지금의 불행은 나쁘기만 한 것이 아니라 나중을 위하여서는 오히려 좋은 것이 되기도 한다.

그런데 마태복음」의 이 말씀에 대해서 조금 다른 해석을 시도해볼 수도 있다. '애통하는 자'는 슬퍼하는 자 곧 슬픈 일에 슬픔으로 반응하는 자이다. 인간 세상에는 늘 슬픈 일들이 존재한다. 그 슬픈 일들에 대하여 정직하게 슬픔의 감정을 느끼고, 그 감정에 머리와 몸을 따르게 하여 반응하는 자. 예수가 복이 있다고 말한 '애통하는 자'는 이러한 의미에서 슬퍼할 줄 아는 사람을 의미하는 것일 수 있다. 그는 예수와 마찬가지로 커다란 연민을 가지고 세상을 살아가는 사람이다.

슬퍼하는 것은 감정의 일 중에서도 고되고 힘든 일이다. 세상을 위하여 슬퍼하는 것은 더욱 그러할 것이다. 이것이 그가 신으로부터 특별히 위로받을 자격을 얻는 이유이다. 그는 세상을 위하여 슬퍼함으로써 마음이 고난을 겪는 것을 감내하는 사람이다. 세상 누구도 그의 마음 속 고통을 알지 못하지만, 신은 그것을 알아보고 사람들 사이에서 고독과 외로움 속에 더욱더 커 나간 그의 아픔을 감싸고 어루만

진다. 세상을 위해 슬퍼하는 것을 소명으로 여겨 이에 충실한 그는, 오직 신에게서만 어떠한 인간에게서도 받지 못한 깊은 위로를 얻는다. 그 위로는 자유와 합일의 감정을 수반하는 완전한 은총의 위로이다.

『슬픔이 맑다』에서 시인이 내보이는 슬픔은 대개 시인 자신의 고통과 슬픔을 슬퍼하는 슬픔이 아니라 이처럼 세상의 고통과 슬픔에 슬픔으로 반응하는 슬픔이다. 세상의 슬픔을 슬퍼할 줄 아는 것. 시인은 우리에게 이러한 능력이 필요하다고 말한다. 그런데 세상의 슬픔을 슬퍼하기 위해 먼저 필요한 것은, 세상에 슬픔이 많이 있다는 것을 보고 아는 것이다. 그리하여 시인은 여러 편의 시에서 슬픔을 보라고 말한다. 슬픔이 있다는 것을 보고 알아야 비로소 그것에 슬퍼할 수 있기 때문이다.

우리가 모르는 슬픔이 세상에 가득하다
눈빛을 깊고 부드럽고 그윽하게
슬픔을 향하여 응시하라
사물에 깃든 깊은 슬픔들이
우리에게 지혜를 줄 것이다
우리는 결코 슬픔의 바다에 빠지지 않고
퇴화된 날개를 펴서 유유히
슬픔의 바다를 건넌다

오늘도 슬픔이 맑다

—「우화羽化」 부분

「우화羽化」에서 시인은 우리에게 슬픔을 응시하라고 말하면서, 그리하면 슬픔이 우리에게 지혜를 가져다 줄 것이라고 말한다. 시인이 말하는 지혜는 일차적으로, 우리가 슬픔을 두려워하지 않고 바라보게 되면 슬픔이 그렇게 두려운 것이 아님을 깨닫게 되고, 그리하여 슬픔을 이겨낼 힘을 얻을 수 있게 된다는 의미로 이해된다. 슬픔을 제대로 보게 되면 슬픔이 세상에 가득하다는 것을 알 수 있게도 되는데, 그러한 앎 역시도 슬픔을 이겨내는 데 도움이 된다. 슬픔이 세상에 흔한 것이라면, 나에게 찾아온 슬픔은 흔한 것 중의 하나일 뿐이므로, 그야말로 대수롭지 않은 것으로 여길 수 있기 때문이다.

그러나 좀 더 깊은 의미에서, 슬픔이 가져다주는 지혜는 슬픔을 이겨낼 수 있게 도와주는 지혜일뿐만 아니라, 우리를 더 나은 사람으로 만들어주는 지혜이기도 하다. 왜냐하면 그 지혜가 우리를 슬퍼할 줄 아는 사람으로 만들어주기 때문이다. 세상의 슬픔에 슬픔으로 반응하는 것은, 우리를 인간적으로 만들어주는 고귀한 마음의 하나이다. 맹자가 그것을 '측은지심惻隱之心'이라 부르고 인간의 네 가지 본래적인 마음의 하나로 간주하였듯, 그것은 인간을 인간답게 만들어주는 큰 지혜의 하나이다.

시인은 오늘날 우리가 그러한 슬퍼하는 마음을 잃어버렸다고 말한다. 시인이 말하는 '퇴화된 날개'란 마음이 가진 슬퍼하는 능력을 말한다. 그 마음의 날개가 있어야, 우리는 인간다움의 영역으로 날아오를 수 있다. 시인은 그 날개를 회복하라는 뜻에서, 우리에게 슬픔을 보라고 말한다. 슬픔을 봄으로써 슬퍼하게 되고, 그럼으로써 본래적인 슬퍼하는 마음을 회복할 수 있게 되기 때문이다. 따라서 슬픔을 보는 것은 슬픔의 지혜를 얻는 시작점이 된다.

이 시집의 제목이기도 한 '슬픔이 맑다'는 '슬픔이 많다'는 의미와 '슬픔이 지혜롭다'는 두 가지 의미를 동시에 갖는다. '맑다'가 '많다'로 이해되는 것은 두 단어의 발음과 생김새상의 유사성에서 비롯되는 것이고, '맑다'가 '지혜롭다'로 이해되는 것은 두 단어의 의미맥락상의 유사성에서 비롯되는 것이다. 세상의 슬픔을 보고 세상에 슬픔이 많다는 것을 아는 것으로부터, 우리는 슬퍼하는 본래의 마음을 회복할 수 있다. 시인은 그렇게 기대한다.

3. 아름다운 네 편의 시

이 시집의 주된 주제가 '슬픔'이기는 하지만, 이 시집에서 가장 인상적인 시들은 '슬픔'이라는 주제에서 다소 벗어나 있다. 그 시들은 잠언적인 언어로 슬픔을 가르치려 하지 않고, 오히려 인간과 인간 삶과 인간 삶의 꿈을 아름답고 따뜻한 언어로 보여준다.

> 오성국민학교 졸업이 전부인 어머니는
> 새해가 되면
> 복 많이 받아라 하지 않으시고
> 복 많이 지어라 하신다
> 복 짓는 것이
> 복을 받는다는 것
> 어머니가 평생 매니큐어를 바르지 못하시는 이유다

복을 짓지 않고 복을 받는 것은
거지다
오래 살면 짐이 된다며 걱정이 많으신
가을
다 주고, 매달리지 않고
떨어져 주는 저 감처럼……
지금은 폐교가 된
산청군 오부면 오성국민학교 졸업생

어머니

—「거지가 되는 법」 전문

「거지가 되는 법」은 돌아가신 어머니에 대한 시이다. 시인은 어머니를 추억하면서, 제일 먼저 어머니의 가르침을 떠올린다. 그 가르침은 "어머니는/ 새해가 되면/ 복 많이 받아라 하지 않으시고/ 복 많이 지어라 하신다"라는 구절에 구체적으로 드러나 있다. 욕심 앞세우지 말고 베풀면서 살라는 뜻의 교훈을 "복 많이 지어라"라는 참신하고 재미난 새해 인사에 담아 가르치는 모습에서, 시인의 어머니가 얼마나 덕스럽고 현명하며 지혜로운 분이었는지 알 수 있다. 시인은 그런 어머니의 학력이 "오성국민학교 졸업이 전부"일 뿐이었다고 부연하는데, 이는 어머니의 지성과 성품을 더욱 돋보이게 만드는 동시에, 고학력자일수록 자기 욕심 챙기기에 전념하는 일이 많은 오늘날의 우리 현실을 돌아보게 만들기도 한다.

1연에서 어머니의 가르침을 통해 어머니의 지성과 성품

을 그려낸 시인은, 2~3연에서는 어머니의 죽음을 통해 어머니의 깨끗한 성품을 다시 한 번 강조해 그려내면서 어머니를 추모한다. 시인에게 어머니의 죽음은 당연히 슬픈 일이겠지만, 시인은 비통하거나 그리운 감정을 드러내지 않는다. 시인이 그리는 어머니의 죽음은 어머니의 가르침만큼이나 욕심 없고 깨끗하다. 그것은 "오래 살면 짐이 된다며 걱정이 많으신"이라는 구절에 직접적으로 드러나 있기도 하지만, "매달리지 않고/ 떨어져 주는 저 감처럼……"과 "지금은 폐교가 된/ 산청군 오부면 오성국민학교 졸업생"이라는 나란히 언급된 두 구절에 힘입어 더욱 멋스럽고 선명하게 드러난다. 이러한 미적 형상화를 통하여, 어머니의 죽음은 그 분의 삶 만큼이나 아름다운 것으로 그려진다. 두고 가는 것에 아무런 미련도 두지 않는 그 죽음은, 때가 되어 찾아오게 마련인 운명의 순간을 아무런 두려움도 서운함도 없이 받아들이는, 운명에 대한 용기 있는 수긍의 태도를 보여주기도 한다.

햇볕이
가부좌 틀고 앉은 바위 옆으로
바람이
합장 하며 지나가고
염불 소리에 귀뚫린 새들
나뭇가지 위에 정중동正中動

선생님 염불소리만 남겨두고
모두 떠난 꿈夢교실

학생을 부르는
칠판 두드리는 목탁소리 울리지만

돌아오지 않는 메아리
봄 늦은 오후 교실

—「수업시간」 전문

시인의 생업은 고등학교 교사이다. 따라서 이 시집에도 교사라는 직업과 관련된 시들이 많다.「주고 받다 주고받다」는 우리말의 복잡한 띄어쓰기 규칙과 관련된 재미있는 발견을 의미 있는 성찰과 연결시킨, 국어 교사 특유의 통찰력이 돋보이는 시이고,「이쁜 내 새끼」는 "스스로 꽃인 줄도 모르고/ 꽃을 찾아 헤매는" 어리석고 귀여운 학생들의 모습을 보고 자기 자신을 되돌아보기도 하는, 어린 학생들을 바라보는 중년 교사의 시각이 드러나 있는 시이다.「삭발」,「교사의 기도」,「살인교사」 등에는 우리 나라의 교육 현실에 대한 비판적 성찰이 담겨 있다. 그 시들에는 특히 자신의 이상과 달리 학생들을 입시 경쟁으로 내몰아야 하는 상황에 대한 자책 그리고 학생들이 어려움과 정면으로 맞서고 결국에는 꿈을 좇았으면 하는 바람 등이 드러나 있다.

「수업 시간」은 대한민국에서 중고등학교를 다닌 사람은 누구나 공감할 수 있는 익숙한 수업 시간 풍경을 그린 시이다. 날이 풀려 춘곤증이 시작되는 봄날, 배불리 먹고 신나게 뛰어 놀고 난 점심시간 직후의 수업 시간. 커다란 창문 밖으론 햇볕이 환하고, 바람도 산들거리며 지나가고, 새들은 나뭇가지 위에 앉아 움직임 없이 졸고 있다. 선생님 말소리는 염불소리처럼 귀에 들어오지 않는다. 선생님 혼자 깨어 있고, 학생들은 모두가 앉아 비몽사몽 졸고 있다. 선생님이 칠판에 판서할 때 나는 똑똑똑똑 분필 소리는 마치 목탁 소리와 같다.

익숙한 수업 시간 풍경을 담백하게 그려낸 이 시는 절제된 언어와 재치 있는 비유가 돋보이는 시이다. 특히 칠판에 부딪히는 분필 소리를 목탁 소리에 비유한 것이 인상적이다. 이 목탁 소리의 환청과 함께, 독자는 최면술사의 암시에라도 걸린 것처럼 순간적으로 그때 그 시절의 교실 안으로 들어간다. 그곳에서 독자는 딱딱한 나무 의자에 앉아, 판서하는 선생님의 등짝을 보며 졸고 있는 그 옛날의 자기 자신이 된다. 이 시와 함께, 우리는 미소 지으며 그리운 그 시절의 기억을 다시 한 번 생생하게 체험하게 된다.

스스로 그대로인
그곳에 가야겠다

죄가 무엇인지도 모르는 나무들과 함께 서서
졸고
기대어 자고 싶다

다시는 저 사람들이 모여 있는
곳에 가지 않으리라
모든 무선도 끊어버리고

죽음의 소식도

새로운 소식도
다 묻어버리고

다만 오래된 당신들 생각만 하며
그 생각도 바래지는 것을
바라보며

하늘이 맑다
비가 온다
바람이 분다
노을이 진다

이런 말들만 반복하면서
—「2017년 4월 12일」 전문

2017년 4월 12일의 대한민국은 조용한 곳이 아니었다. 여러 가지 잘못이 드러난 대통령이 탄핵되고 한 달 가량이 지난 시점이었고, 새로 뽑을 다음 대통령에 대한 관심과 기대가 전국적으로 한껏 높아져 있던 시기였다. 그러나 그런 떠들썩한 상황들을 제외하고 보면, 2017년 4월 12일은 여느 해 4월 12일과 마찬가지로 식목일이 일주일 지난 어느 따뜻한 봄날이었다. 서울에는 만발한 벚꽃이 아직도 근사하고, 나뭇가지마다 자잘한 어린잎들이 새로 피어나는 아름답고 화창한 봄날이었다.

시「2017년 4월 12일」에서 시인은, 온 국민의 마음을 들끓게 한 소란과 흥분이 아니라, 나무가 조는 듯이 서 있는 봄날을 이야기하고, 삼라만상을 초월해 있는 영원과 근원의 장소를 이야기한다. 그 장소는 "스스로 그대로인/ 그곳"이면서, "죄가 무엇인지도 모르는 나무들"이 조는 듯이 서 있는 어떤 곳이다. "죄가 무엇인지도 모르는 나무들"이란 아담의 원죄조차도 모르는 나무들로, 그런 나무들이 모여서 있는 곳은 태초의 낙원이다. 그곳은 신 자신이 장소화場所化한 곳이나 마찬가지여서, 어떤 다른 원인에도 의존하지 않고 자기 자신을 원인으로 삼아 스스로 존재한다.

그곳에서 시인은 영원과 근원의 삶을 꿈꾼다. 그것은 죄를 모르는 근원의 나무들과 함께 어울려 졸고 자며 일 없이 지내는 것이다. 이른바 무위無爲의 삶이다. 시인이 상상하는 그곳에는 바쁨도 없고 소음도 없고 슬픔도 기쁨도 없다. 현실 세계의 가장 커다란 사건조차도 그곳에선 점 하나의 가치 밖에는 없다. 그곳은 광대무변한 무한無限의 땅이므로, 모든 것이 무無에 수렴하기 때문이다. 가치 있는 단 하나의 것은 장소 자체와 마찬가지인 "오래된 당신들" 뿐이다. 그리하여 시인은 그 "오래된 당신들 생각만 하며" 지내겠다고 하지만, 이내 그 생각조차도 사라져 없어질 것을 예상한다. 장소 자체와 하나가 되어 자아가 무한 속으로 풀어져 버리면, 생각이란 것도 존재할 수 없게 되기 때문이다.

바쁨과 소음의 소멸, 슬픔과 기쁨의 소멸, 그리고 마침내는 생각과 자아의 소멸과 함께, 시인은 인간 이전으로 돌아가 영원과 근원의 장소와 하나가 되는 자신을 상상한다. 무한과 일체가 되어버린 그에게는 오직 순간순간 흘러가는 현재만이 있을 뿐이다. "하늘이 맑다/ 비가 온다/ 바람이 분다/ 노을이 진다// 이런 말들만 반복하면서"는, 그렇게 현재의 지나가는 현상 자체와만 관계하면서 그것을 판단 없이 바라보고 투명하게 되비추는 시인의 현재적인 의식을 보여준다. 영원과 근원과 하나 되는 시인의 꿈은 이렇듯 무위의 상태로 현재에 머물러 있는 것으로 그려진다.

의식을 현재의 차원에 머물러 있게 하는 것은, 마음챙김 mindfulness을 비롯한 여러 명상운동에서 강조하는 마음 수련법의 하나이다. 그러한 마음 수련법은 불교의 오랜 명상 전통에 뿌리를 두고 계발되어 온 것이다. 이 시에서 시인은 복잡하고 어수선한 현실에서 현실 저 너머 근원의 땅을 상상하는데, 그 근원의 땅에 대한 상상은 존재의 시작과 끝에 대한 기독교적 상상과 불교적 상상의 조화를 통해 만들어진다. 불교와 기독교의 이러한 만남은, 이 시뿐만 아니라 시인이 지향하는 존재의 근원에 관한 상상에서 시집 전체를 통해 반복적으로 나타나는 특징이다.

하늘 아래
어제와 같은 것이 있는가

오늘 도착한 바람은
어제와 다른 바람이라네
밤새 자란 작은 잎사귀 스쳐
내 숨 안으로 들어오네
아!

어제의 나는 사라졌다네
오늘 처음 만나

눈빛이 오래 머문 아내
아빠라고 불러주는 딸의 목소리

나도 내가 어색하고
신비로워 가슴이 떨린다네

오래된 습관으로
당신을 보지 않도록

오래된 기억으로
나를 바라보지 않기를

난 오늘 새롭게 태어난
새싹처럼
맑고 싱그럽다네

하늘 아래 새롭지 않은 것이 있는가
—「나는 매일 사라진다」 전문

헤라클레이토스가 '같은 강물에 두 번 발 담글 수 없다'고 했듯, 모든 것은 매 순간순간마다 변화한다. 다만 우리의 뇌가 그것을 지각 과정에서 연속적인 것으로 처리하기 때문에 변화를 하나하나 인식하지 못할 뿐이다. 뇌의 이러한 정보처리 방식은 오랜 진화과정을 거쳐 만들어진 것이지만, 명상 수련은 이러한 지각 방식에 변화를 주려 한다. 마음챙김을 비롯한 여러 마음 수련법들은, 마음을 현재에 머물러 있게 하면서 변화하는 순간순간을 지각하고 음미하라고 강조한다. 습관화된 지각 방식에서 벗어나 순간순간 변화하는 실물 그대로의 세계를 경험함으로써 삶의 생기를 되찾으라는 것이다. 「나는 매일 사라진다」에서 시인은 이러한 명상 수련법을 일상생활에 적용하여 실천하는 모습을 보여준다.

시인은 우선 습관적인 지각 방식에 의해 늘 익숙한 모습으로 나타날 뿐인 주변의 것들에서 익숙하지 않은 새로움을 발견한다. 그리하여 "오늘 도착한 바람은/ 어제와 다른 바람이라네"라고 말한다. 오늘 아침에 창문을 열고 맞는 그 바람은, 어제 맞았던 바람이 아니라 "밤새 자란 작은 잎사귀 스쳐/ 내 숨 안으로 들어오"는 새로운 바람이다. 시인은 새로움의 발견에 있어 상상과 인식의 도움을 통해 지각을 보완한다. 뇌의 특성상 지각은 환경을 이루는 것들에서 새로움을 발견하기 어렵기 때문이다. (숙련된 명상가들은 지각만으로도 모든 것의 예민한 변화를 감지할 수 있다고 한다.) 그는 새로움을 깨닫고, 이에 힘입어 새로움을 지각한다.

시인은 "어제의 나는 사라졌다"고 말한다. 어제와 다른 새로운 바람이 호흡을 통해 몸 안으로 들어왔으므로, 나 또한 어제와 다른 새로운 사람이 된 것이다. 이어서 시인은 수십 년 함께 살아온 아내를 향하여 "오늘 처음 만나/ 눈빛이 오래 머문 아내"라고 말하는데, 이는 이 시에서 가장 매력적인 구절이다. 그러니까 시인은 매일 아침 일어나면서 처음 보는 여자가 옆에 누워 있는 것을 보고, 그 여자에게 가슴 두근거리는 첫사랑을 느끼면서 하루를 시작하는 것이다. 사람도 매 순간 새로워지고 사랑도 매 순간 새로워지므로, 그는 언제나 첫사랑을 마음에 품고 살아간다.

시인은 "오래된 습관으로/ 당신을 보지 않도록" 주의하고, 또 "오래된 기억으로/ 나를 바라보지 않기를" 다짐한다. 당신에 대해서뿐만 아니라 나에 대해서까지도 습관적인 시각을 버리려는 태도는 중요하다. '나는 이러이러한 사람이다'라는 고정관념이 삶에서 나의 가능성을 제한해 버리기 때문이다. 그러한 고정관념을 버림으로써, 나는 나를 새로운 가능성을 지닌 사람으로 바라보게 되고, 훨씬 자유롭게 삶에서 나 자신을 실현해나갈 용기를 얻게 된다. 시인이 자기 자신을 향하여 "오늘 새롭게 태어난/ 새싹처럼/ 맑고 싱그럽다네"라고 말하는 것은 그래서 의미심장하다. 삶에서 자유롭게 도전하고 추구해 나갈 용기가 이러한 인식에서 생겨나기 때문이다.

4. 맺음말

지금까지 이 시집의 주제인 '슬픔'이 어떤 의미와 가치를 갖는지 살펴보았고, 또 그 주제와 무관하게 이 시집에서 가장 인상적인 시 네 편을 골라 읽어보았다. 이 시집에는 이 밖에도 음미할 만한 좋은 시들이 많이 있지만, 지면 관계상 다 소개하지 못하는 것이 아쉽다. 이 시집을 읽는 독자 분들께 나머지 보물찾기를 맡긴다. 흥미로운 보물찾기가 되기를 바란다.

이복규

이복규 시인은 경남 산청에서 태어났고, 고려대학교 국어교육학과와 동 대학원을 졸업했으며, 2010년『서정문학』으로 등단했다. 시집으로는『아침 신문』이 있고, 현재 거제도에서 고등학교 국어교사로 재직 중이다. 시인은 슬픔을 노래하면서 동시에 슬픔을 탐구한다. 슬픔의 탐구를 통해 시인은 우리가 살아가는 이곳 세계의 진상을 알아내려 하고, 삶을 살아가는 데 필요한 기술들을 배우려 한다. 슬픔을 스승으로 모신 시인은, 슬픔이 이심전심으로 알려주는 지혜의 말씀들을 받아 마음의 석판에 새긴다.

이메일 : lee81570@daum.net

이복규 시집

슬픔이 맑다

발　행 2018년 2월 28일
지은이 이복규
펴낸이 반송림
편집디자인 김지호
펴낸곳 도서출판 지혜
계간시전문지 애지
기획위원 반경환 이형권 황정산
주　소 34624 대전광역시 동구 선화로 203-1, 2층 도서출판 지혜 (삼성동)
전　화 042-625-1140
팩　스 042-627-1140
전자우편 ejisarang@hanmail.net
애지카페 cafe.daum.net/ejiliterature

ISBN : 979-11-5728-267-8 03810
값 9,000원